LOS INCENDIOS FORESTALES

Por Pamela McDowell

LIGHTBOX
openlightbox.com

LIGHTBOX

Entre a
www.openlightbox.com
e ingrese el código único
de este libro.

CÓDIGO DE ACCESO

LBXP7484

Lightbox es una completa solución digital para enseñar y aprender temas curriculares de una manera original e innovadora. Lightbox se basa en las Normas Curriculares Nacionales.

CARACTERÍSTICAS ESTÁNDAR DE LIGHTBOX

AUDIO Narraciones de alta calidad con sistema de texto a voz

ACTIVIDADES PDFs imprimibles que pueden enviarse por correo electrónico y calificarse

PRESENTACIÓN EN DIAPOSITIVAS Ilustraciones gráficas de los conceptos clave

VIDEOS Videoclips de alta definición incorporados

ENLACES WEB Enlaces cuidadosamente seleccionados con recursos seguros para niños

TRANSPARENCIAS Capas paso a paso de mapas, diagramas, cuadros y cronologías

MAPAS INTERACTIVOS Mapas interactivos e imágenes satelitales aéreas

CUESTIONARIOS Diez preguntas de elección multiple con puntaje automático que se envían por correo electrónico al docente para su evaluación

PALABRAS CLAVE Combinación de los conceptos clave con sus definiciones

Contenidos

Los incendios forestales son uno de los desastres naturales más letales del mundo

El fuego es parte del entorno natural. El fuego quema las ramas secas y los árboles caídos y eso libera **nutrientes** al suelo. Pero, si se dan ciertas condiciones, el fuego puede salirse de control. Un incendio forestal es un feroz incendio de gran dimensión capaz de quemar millones de acres (hectáreas) de bosques, praderas o tierras cultivadas. Los incendios forestales pueden avanzar rápidamente, quemando casas y hasta pueblos enteros.

En todos los continentes se producen incendios forestales, menos en la Antártica. Las regiones calurosas y soleadas con baja **humedad** y fuertes vientos suelen tener incendios forestales. Las condiciones desérticas de Australia, el sur de África y partes de California, son perfectas para estos incendios. Incluso lugares que se consideran fríos, como Alaska, pueden verse amenazados por incendios forestales durante el verano.

En noviembre de 2016, 14 personas murieron y 134 resultaron heridas en un incendio forestal en Gatlinburg, Tennessee.

Los incendios forestales son un desastre natural, pero son diferentes a los terremotos, las inundaciones o los tornados. Estos otros desastres no pueden detenerse, pero los incendios forestales pueden combatirse. Las mejoras tecnológicas ayudan a apagar estos incendios más rápidamente y con menos riesgos. Y, lo más importante, a diferencia de otros desastres, los incendios forestales suelen ser provocados por el hombre.

El calor radiante es el calor que se siente alrededor de una llama. Es el mayor asesino en un incendio forestal. La mejor protección es la distancia.

La mayoría de los incendios forestales son provocados por el hombre

Un incendio necesita de tres cosas para arder: combustible, temperatura alta y oxígeno. Estas tres cosas juntas forman lo que se conoce como el "triángulo del fuego". Los **árboles muertos**, arbustos y pastos secos son el combustible que el incendio forestal necesita. Las altas temperaturas pueden ser provocadas por una ola de calor, y el aire aporta el oxígeno. Los peores incendios forestales del mundo han ocurrido durante largas **sequías**, donde hay muy poca humedad en el aire, el suelo o las plantas. Los peores incendios forestales se han producido durante olas de calor que elevaron las temperaturas a niveles récord. El viento aporta el oxígeno y va empujando las llamas. Estas condiciones hacen que un fuego pequeño, o incluso una chispa, pueda convertirse en un incendio forestal.

TIPOS DE INCENDIOS FORESTALES

INCENDIOS SUPERFICIALES

Este tipo de incendios quema los árboles caídos en el suelo del bosque, o los pastos y arbustos de las áreas más abiertas. A medida que el fuego avanza, se mueve hacia la vegetación más alta y las copas de los árboles.

INCENDIOS AÉREOS

Este tipo de incendio forestal suele ser provocado por un rayo que quema la copa de los árboles y se propaga rápidamente con el viento. Los incendios aéreos se propagan más rápido que cualquier otro tipo de incendio forestal.

INCENDIOS SUBTERRÁNEOS

Este tipo de incendio forestal quema la materia **orgánica**, como la turba, que está debajo del piso del bosque o pradera. Los incendios subterráneos son los que avanzan más lento pero los más destructivos. Son difíciles de controlar y suelen arder por mucho tiempo.

INCENDIO PRESCRITO

Este tipo de incendio puede producirse por varias razones. Los incendios pequeños y controlados reducen los árboles muertos en un área natural y aporta nutrientes para otras plantas. Los agricultores queman áreas de cultivo para prepararlas para la plantación. Pero, si estos incendios se salen de control, pueden convertirse en incendios forestales.

La caída de rayos suele causar incendios en los bosques. Si se dan las condiciones, algunos pueden convertirse en incendios forestales. Sin embargo, la mayoría de las veces, la **ignición** es provocada por el hombre. Los incendios pueden comenzar con la chispa de una máquina, motores calientes y fogatas de campamentos. Un fuego controlado en condiciones de calor y sequedad puede salirse de control y convertirse en un incendio forestal. A veces, se provocan **incendios intencionales**. Estos incendios se inician con el fin de provocar un daño.

Los bomberos llaman "velas" o "antorchas" al árbol o grupo pequeño de árboles que arden desde la base.

90%

El 90 por ciento de los incendios forestales de los Estados Unidos son provocados por el hombre.

29.130

En 2015, 29.130 bomberos sufrieron heridas combatiendo incendios en los Estados Unidos.

Causa del incendio

La mayor cantidad de incendios en los Estados Unidos provocados por velas se producen en Año Nuevo, Navidad y Víspera de Año Nuevo.

20 millones

Entre 1997 y 1998, los incendios en Indonesia provocados por agricultores que utilizan el método de tala y quema, quemaron 20 millones de acres (809.000 hectáreas).

Los incendios forestales pueden combatirse y evitarse

En 1910, un incendio forestal quemó más de 3 millones de acres (1,2 millones de ha) en Idaho, Montana y Washington. Se lo conoce como el Gran Incendio. El fuego comenzó como varios incendios más pequeños, provocados por rayos y la imprudencia de la gente. Los miembros del Servicio Forestal estadounidense, el ejército y 4.000 bomberos combatieron el incendio durante tres días. Cuando el fuego se descontroló, se refugiaron en arroyos secos y pozos mineros. Finalmente, la lluvia logró extinguir el fuego.

El Gran Incendio cambió la forma de pensar de los estadounidenses sobre los incendios forestales. El Servicio Forestal de Estados Unidos se había creado en 1905 para manejar los bosques del país. Después del incendio, el Servicio Forestal tomó la determinación de evitar y extinguir todos los incendios naturales, hasta los más pequeños. Esta práctica continuó por décadas. Más tarde, los estudios comenzaron a demostrar los beneficios del fuego para la naturaleza. En 1959 se inauguró en Georgia el primer laboratorio para la investigación de incendios forestales. Luego se abrieron otros en Montana (1960), California (1963) y Washington (2003). Los científicos estudian cómo se propaga el fuego y cómo proteger a la gente, sus hogares y negocios.

Los bomberos forestales tienen miembros llamados derribadores. Los derribadores talan los árboles para hacer barreras de incendio, o líneas de control, y evitar que los incendios se propaguen.

Cuando el clima es muy seco, detectar un incendio a tiempo puede ayudar a evitar que se convierta en un incendio forestal. Los profesionales y voluntarios entrenados utilizan torres de observación, aeronaves y satélites para ver si hay algún incendio. La tecnología, como la televisión a control remoto, las fotografías de alta resolución, los sensores de calor, los radares y los satélites, han mejorado el éxito de la detección temprana de incendios forestales.

Los baldes plegables que cuelgan de los helicópteros se llaman "Bambi" y se usan para recolectar agua de diferentes lugares para combatir los incendios.

Cuando detectan un incendio forestal, los bomberos trabajan para evitar que se propague. Primero, disminuyen la velocidad de propagación del fuego hasta detenerla. Luego, apagan el incendio. El objetivo es asegurarse de que el fuego cause el menor daño posible. Para eso, los bomberos deben romper el triángulo del fuego ya sea retirando el combustible o reduciendo la temperatura o el oxígeno que alimenta al fuego. Para extinguir los incendios se suele utilizar agua, pero no siempre hay agua en el lugar del incendio. Los bomberos pueden usar tierra para apagar el fuego. También se pueden arrojar al fuego químicos como **retardantes** desde una aeronave.

Combatir los incendios forestales es una tarea muy peligrosa. Los meteorólogos de incidentes (o IMETs, por sus siglas en inglés) son expertos en clima del Servicio Meteorológico Nacional que trabajan con los bomberos para combatir los incendios forestales. Los IMETs hacen el seguimiento de los incendios y reportan datos sobre los incendios y las condiciones climáticas. Su objetivo es asegurarse de que los bomberos no corran peligro.

En los incendios forestales, se utiliza una mezcla de agua y fertilizantes como retardante del fuego. Se arroja desde avionetas que sobrevuelan el incendio para evitar que el fuego se propague al resto del bosque.

Los incendios forestales son un problema mundial

Las imágenes satelitales muestran que siempre hay un incendio en alguna parte del mundo. África sufre los incendios más grandes y frecuentes. Más de la mitad de los incendios forestales del mundo se producen en África, generalmente en los países que están entre el **trópico de Cáncer** y el **trópico de Capricornio**. En esta región, las praderas y las tierras agrícolas arden fácilmente. Allí, se ha utilizado el fuego para preparar las tierras para el cultivo por siglos. Pero las prolongadas sequías y olas de calor han hecho que esta práctica se vuelva peligrosa.

En otras partes del mundo, los agricultores usan métodos similares para preparar sus tierras. En Asia, el mayor incendio de la historia de Indonesia se produjo por accidente en 1997. Los agricultores habían iniciado una serie de incendios pequeños para despejar la tierra y prepararla para sus plantaciones de aceite de palma y caucho. Los incendios se salieron de control y quemaron 12 millones de acres (5 millones de ha). Solo el 50 por ciento de esa superficie era tierra agrícola. El otro 50 por ciento eran bosques y praderas que no debían quemarse.

El humo generado por las quemas controladas en los bosques de Indonesia puede viajar cientos de millas (kilómetros). El humo puede causar problemas respiratorios, especialmente en las personas mayores y en los niños.

En 2007, la zona de North Slope de Alaska tuvo las temperaturas más altas en 129 años. Durante este tiempo, llovió un 20 por ciento menos que lo normal. Un rayo desató el incendio forestal del río Anaktuvuk, que duró casi tres meses. Se quemaron más de 247.000 acres (100.000 ha) de **tundra**. En 2010, una ola de calor similar en Rusia hizo que las temperaturas subieran por encima de los 100° Fahrenheit (38° Celsius). Fue el verano más caluroso y seco desde 1890. Hubo varios incendios que destruyeron 34 millones de acres (14 millones de ha) en total, arrasando con un cuarto de la cosecha de granos de Rusia.

Los vientos estacionales, como El Niño, pueden provocar incendios forestales extremos en las áreas costeras. En California, los vientos de Santa Ana suelen ser los culpables de muchos de los incendios que amenazan a las ciudades y destruyen grandes superficies de praderas y bosques. Estos vientos cálidos y secos soplan durante el otoño y principios del invierno, generalmente después de un verano caluroso que ha dejado a toda la vegetación seca e inflamable. Los vientos de Santa Ana empujan las nubes de brasas lejos del incendio haciendo que el fuego cruce los **cortafuegos** y queme hasta 1.000 acres (404 ha) por hora.

El contrafuego es el último recurso para evitar que un incendio forestal se propague a determinadas áreas. Se realiza iniciando fuegos controlados para eliminar el combustible en el frente del incendio.

2 mil millones

Aproximadamente 2 mil millones de acres se incendian por año en todo el mundo. (820 millones de ha)

40%

En 2007, Australia tuvo un promedio de 3.284 incendios forestales por semana. En 2013, ese número aumentó en un 40 por ciento a 4.595 incendios semanales.

1 millón

En mayo de 2016, los incendios forestales de la región del Fuerte McMurray de Alberta y Saskatchewan, Canadá, quemaron más de 1 millón de acres. (404.000 ha)

670.000

Durante el verano de 2007, Grecia quedó devastada por incendios forestales que mataron a 84 personas y quemaron 670.000 acres de bosques y tierras agrícolas. (271.139 ha)

Récords históricos

Reunir información sobre los incendios forestales anteriores y las condiciones ambientales ayuda a los científicos a predecir dónde se pueden producir otros incendios forestales. Los patrones climáticos también sirven para prever los incendios forestales. Una primavera y un verano secos crean combustible para una temporada de incendios.

EL MÁS LETAL

Más de 1.200 personas murieron en el incendio de Peshtigo, que quemó 2.400 millas cuadradas (6.216 km^2) en Wisconsin y Michigan en 1871. Se estima que las llamas consumieron unos 2 mil millones de árboles.

EL QUE NECESITÓ MÁS BOMBEROS

Más de 10.000 bomberos, 2.000 soldados y 3.000 personas más trabajaron para apagar los incendios forestales de Rusia en 2010.

LA MAYOR SUPERFICIE QUEMADA

Casi 5 millones de acres (2 millones de ha) se quemaron durante los incendios forestales del viernes negro de Australia en 1939. Los incendios se produjeron en el estado de Victoria. Los australianos llaman a los incendios forestales "*bushfires*".

LA EVACUACIÓN MÁS GRANDE

Casi 1 millón de personas fueron **evacuadas** durante los incendios forestales de California en 2007. Al menos 1.500 casas quedaron destruidas.

Los incendios forestales más destructivos de EE.UU.

En promedio, hay más de 100.000 incendios forestales por año en los Estados Unidos. La mayoría de los 50 estados tienen incendios forestales. Los estados del oeste son los que reportan más incendios, especialmente California. En estos estados, la temporada de incendios es 78 días más larga que hace 15 años. Hay más gente viviendo en o cerca de las áreas naturales donde se producen los incendios. Por eso, se han quemado 10 veces más estructuras desde el año 2000 que en la década de 1960. Hoy, muchos de los incendios forestales provocan gastos multimillonarios.

POSIBILIDAD DE INCENDIO FORESTAL

- Muy baja
- Baja
- Moderada
- Alta
- Muy alta

ESCALA DEL MAPA

0 — 500 millas
500 kilómetros

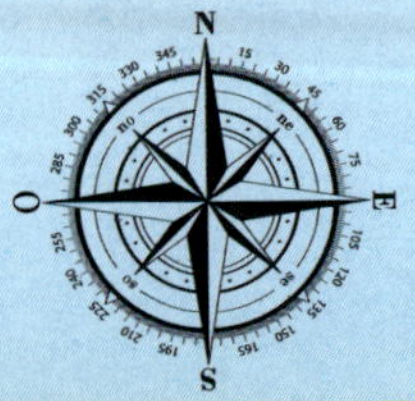

1
Lugar: Peshtigo, Wisconsin
Año: 1871
Acres quemados: 3,7 millones

2
Lugar: Avery, Idaho
Año: 1910
Acres quemados: 3 millones

3

Lugar: Moose Lake, Minnesota

Año: 1918

Acres quemados: 960.000

4

Lugar: Hinkley, Minnesota

Año: 1894

Acres quemados: 160.000

Australia tiene más incendios forestales que cualquier otro país del mundo

Más del 70 por ciento de Australia es desértico o semi-desértico. Estas condiciones de clima seco son el motivo por el que Australia es el país con mayor cantidad de incendios forestales. En 2009, una larga sequía y una ola de calor estival generaron las condiciones perfectas para un incendio forestal. Los incendios del sábado negro comenzaron el sábado 7 de febrero y ardieron hasta el 14 de marzo. En total, se quemaron 1,1 millones de acres (440.000 ha) y 3.500 estructuras y murieron 173 personas.

Al igual que en California, los incendios forestales de Australia muchas veces amenazan a zonas donde vive y trabaja gente. En octubre de 2013, tres grandes incendios forestales amenazaron con combinarse en una **conflagración**. El más grande tenía un frente de 190 millas (300 kilómetros) de ancho y estaba a solo dos horas en auto de Sidney, la ciudad más grande del país. La población de Sidney en 2016 era de aproximadamente 5 millones de habitantes. Más de 1.200 bomberos y 83 aeronaves trabajaron para apagar el fuego antes de que llegara a la ciudad.

Todos los años en Australia, entre 420 y 1.500 personas se postulan para ser bomberos. La competencia es feroz ya que solo hay 48 puestos nuevos disponibles.

Para combatir los incendios forestales, se necesitan muchas personas altamente entrenadas y equipos costosos. Varios países del mundo han comenzado a trabajar juntos para combatir estos incendios. En 2000, más de 500 personas de Australia, Canadá, Nueva Zelanda y México ayudaron a combatir los incendios forestales de Estados Unidos. El Centro Interagencial Nacional contra Incendios coordina estos proyectos en los Estados Unidos. Los especialistas en incendios forestales viajan por todo el mundo trasladándose de una emergencia a otra. En 2008, 44 especialistas en operaciones australianos ayudaron a coordinar la lucha contra los incendios del norte de California. Unos pocos meses después, en febrero de 2009, Estados Unidos envió 73 miembros del personal de bomberos a Australia durante los incendios del sábado negro. Más tarde ese mismo año, un equipo gerencial de EE.UU. y 20 “salta-humos” viajaron a Canadá para combatir los incendios en la Columbia Británica. Los salta-humos son **paracaidistas** que se lanzan desde aeronaves para apagar incendios pequeños en lugares de difícil acceso.

Hay más de 270 salta-humos que trabajan en las estaciones del Servicio Forestal de Estados Unidos. Estos bomberos suelen viajar a otros países para ayudar a combatir los incendios.

400
Los incendios del sábado negro de 2009 fueron los más peligrosos de la historia de Australia. Más de 400 pequeños incendios destruyeron más de 5.500 hogares y otras edificaciones.

71
Durante los incendios del viernes negro de 1939 en Australia, murieron 71 personas.

3 DÍAS
Los incendios del miércoles de cenizas de 1983 en Victoria y el sur de Australia ardieron durante 3 días matando a 75 personas y destruyendo más de 1.900 hogares.

1.300 hogares
Los incendios del martes negro de 1967 en el sur de Tasmania se cobraron la vida de 62 personas y destruyeron casi 1.300 hogares.

El Sistema Nacional de Clasificación de Peligrosidad de los Incendios

El Sistema Nacional de Clasificación de Peligrosidad de los Incendios (NFDRS) fue creado a principios de la década de 1970. El objetivo era crear un sistema de medición de incendios para todo Estados Unidos. El uso de este sistema ayuda a los estados a comunicarse entre sí cuando los incendios cruzan las fronteras. También es de gran ayuda cuando se necesita apoyo adicional para los bomberos.

El oso Smokey ha sido la cara de la prevención de los incendios forestales en los Estados Unidos desde 1944.

El NFDRS se basa en el triángulo del fuego. Utiliza los datos de miles de estaciones receptoras de todo el país. Se usa la información climática del pasado, los datos actuales y los pronósticos. El NFDRS también detecta la cantidad de humedad que tienen los materiales que suelen ser el combustible de los incendios forestales. Con toda esta información, los científicos pueden estimar cuándo se producirán incendios en áreas naturales y cuán peligrosos pueden ser.

Cuando aumenta mucho el peligro de incendio, las agencias contra incendios pueden emitir una prohibición de encender fuegos. Esto significa que la gente no puede hacer fogatas en ese lugar.

SISTEMA NACIONAL DE CLASIFICACIÓN DE PELIGROSIDAD DE LOS INCENDIOS

CLASE	NIVEL	COLOR	DESCRIPCIÓN
1	Incendio de peligrosidad baja	Verde	Los combustibles no se prenden fuego fácilmente.
2	Incendio de peligrosidad moderada	Azul	Se pueden iniciar incendios por accidente. El pasto arde rápidamente. La leña arde más lentamente.
3	Incendio de peligrosidad alta	Amarillo	Los combustibles muertos, más pequeños se prenden fuego con facilidad. Las fogatas desatendidas, como las fogatas de campamentos, pueden salirse de control fácilmente. El fuego se propaga rápidamente y es difícil de controlar.
4	Incendio de peligrosidad muy alta	Anaranjado	Los incendios se inician fácilmente y se propagan rápido. Las **teas** provocan fuegos satélites. Los remolinos de viento propagan las chispas y brasas. Casi nunca se puede combatir el incendio en el frente.
5	Incendio de peligrosidad extrema	Rojo	El incendio es extremadamente caliente y veloz y cambia de dirección rápidamente. Este incendio solo se puede combatir desde los costados hasta que cambie el clima o se reduzca la cantidad de combustible.

Datos curiosos

PELIGROS OCULTOS

Las plantas perennes y los eucaliptos contienen aceites que pueden explotar en llamas en condiciones de calor extremo.

TRABAJOS PELIGROSOS

Los bomberos retenes son bomberos que construyen cortafuegos alrededor de un incendio para evitar que se propague. Esto a menudo los obliga a trabajar directamente en el camino del fuego. Cuando el riesgo de que se propague el fuego es alto, se utilizan salta-humos, que han sido entrenados para arrojarse desde el aire a situaciones peligrosas y suelen ser la primera línea de defensa.

VIGILANCIA SATELITAL

La Administración Nacional de la Aeronáutica y del Espacio (NASA) tiene dos satélites que orbitan la Tierra para registrar incendios. Un satélite pasa sobre el ecuador de sur a norte por la tarde. El otro se mueve sobre el ecuador en dirección opuesta durante la mañana. Juntos, estos satélites proporcionan una imagen completa de la superficie terrestre cada uno o dos días.

TORNADO DE FUEGO

Los tornados de fuego se forman cuando el aire caliente y seco de un incendio sube formando una columna llamada chimenea. A medida que asciende, el aire comienza a enfriarse, lo que atrae más aire caliente de la tierra. Cuando estas columnas comienzan a girar, se forma un tornado que arroja brasas a una gran distancia del frente del incendio.

LA TOPOGRAFÍA IMPORTA

Los incendios se propagan rápidamente cuando van hacia la cima de una montaña pero lentamente cuando bajan. En las laderas, el calor del fuego va calentando el combustible que está más arriba haciéndolo arder más rápidamente cuando las llamas avanzan. Los vientos pueden empujar el fuego hacia arriba aún más rápido y también pueden empujar el fuego nuevamente hacia abajo. Si esto ocurre, los bomberos tienen más chances de apagar las llamas.

Los incendios forestales son más peligrosos en el frente del incendio

La mayoría de los incendios forestales tienen forma de lágrima, especialmente si el viento los empuja hacia adelante. El frente del incendio arde más rápido y es el lugar más caliente. Este es el lugar más peligroso para los bomberos. Los costados del incendio se llaman flancos. Si el viento cambia de dirección, el flanco que está contra el viento arde extremadamente rápido y puede convertirse en el frente del incendio. La parte trasera del incendio arde más lentamente y es la zona más fría y con las llamas más cortas. Generalmente, la altura de las llamas de un incendio es de tres a cinco veces mayor que la altura de su combustible.

Los uniformes de los bomberos están hechos de una tela muy fuerte y resistente a las llamas llamada aramida.

Muchas veces, los bomberos pueden saber el tipo de incendio por el color del humo. El humo denso y blanco es generado por un combustible que está muy húmedo. Este tipo de incendio suele ser pequeño y no llega lejos. El humo gris o azul pálido proviene de combustible húmedo. Este tipo de combustible va deteniendo el fuego. El humo negro o marrón oscuro es provocado por combustible seco. El fuego arderá cada vez más y se propagará rápido. El humo color cobre o bronce indica que se está quemando un combustible muy seco y que el fuego se puede propagar rápido y provocar mucho daño.

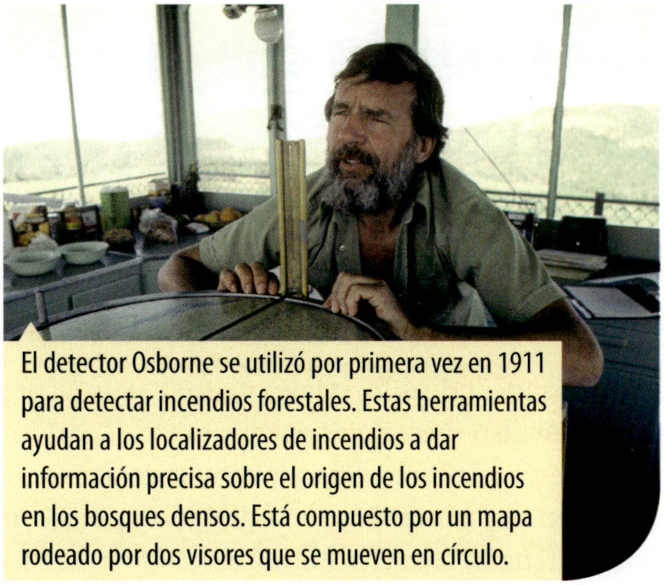

El detector Osborne se utilizó por primera vez en 1911 para detectar incendios forestales. Estas herramientas ayudan a los localizadores de incendios a dar información precisa sobre el origen de los incendios en los bosques densos. Está compuesto por un mapa rodeado por dos visores que se mueven en círculo.

Además del color del humo, la forma en que sube el humo también puede indicar a los bomberos qué tipo de incendio es. Si la columna es delgada y se eleva lentamente, seguramente el incendio es pequeño y se propaga lentamente. Si la columna está inclinada cerca del suelo y aumenta de volumen, es probable que haya viento que esté avivando el incendio y seguramente lo propagará rápido.

El humo de los incendios forestales puede ser peligroso si se inhala. Para los bomberos que trabajan en las líneas frontales, la amenaza más peligrosa del humo es el envenenamiento con monóxido de carbono.

Después de un incendio forestal, la tierra queda vulnerable

Los incendios forestales pueden causar problemas en el área incluso meses o años más tarde. Cuando el fuego quema toda la vegetación, el área puede inundarse cuando llueve mucho. También se pueden producir aludes dado que no hay árboles ni plantas que sostengan al suelo. En julio de 1994, un incendio forestal quemó cerca de 2.000 acres (809 ha) de bosques en las laderas de la montaña Storm King de Colorado. Dos meses después, las fuertes lluvias provocaron un alud. Toneladas de lodo, rocas y escombros cayeron sobre una autopista cercana. Tres millas (5 km) de autopista quedaron enterradas bajo el alud.

En los Estados Unidos, los aludes y aluviones de escombros provocan entre 25 y 50 muertes por año.

El humo de un incendio forestal puede afectar a gente de países que están lejos del incendio. En 1939, las cenizas de los incendios forestales del viernes negro en Australia llegaron hasta Nueva Zelanda, a 200 millas (320 km). El incendio forestal de Indonesia de 1994 provocó un esmog que se propagó hasta Brunéi, Tailandia, Vietnam y las Filipinas. El esmog puede ser nocivo para la salud. El esmog generado por los incendios forestales cercanos a Moscú en 2010 provocó más de 55.000 muertes.

SECUELAS DE LOS INCENDIOS FORESTALES

Inundaciones

Cuando un área recibe más agua de la que la tierra puede absorber, se producen inundaciones. Un incendio puede quemar la materia orgánica del suelo, volviéndolo menos estable. El suelo inestable, cuando se **satura** de agua de lluvia o nieve, puede causar una inundación repentina o deslizamiento de lodo.

Esmog

El esmog es una combinación de humo y niebla que puede ser peligrosa si se respira. El humo provocado por los incendios forestales tiene altos niveles de químicos peligrosos. Estos químicos pueden irritar la garganta, ojos y pulmones de las personas.

Aludes

Los aludes se producen cuando caen rocas, tierra y escombros de una montaña. Cuando un incendio quema toda la vegetación de la ladera de una montaña, no queda nada para retener la tierra en su lugar. La lluvia hace que la tierra se vuelva más pesada y caiga por efecto de la gravedad.

Los dioses del fuego en varias culturas

En la antigüedad, la gente creía que el universo estaba compuesto por cuatro elementos: agua, aire, tierra y fuego. En todas partes del mundo hay mitos y leyendas sobre el fuego. Muchas de esas historias son sobre gente que robaba el fuego o lo recibía como regalo de algún animal o dios.

En la mitología china, Hui Lu es un mago y dios del fuego que tenía 100 pájaros de fuego en una calabaza. Cuando liberaba a sus pájaros, podía producir un incendio en todo el país. En uno de los mitos chinos, Hui Lu es vencido por una princesa que apareció en el cielo y apagó sus llamas con su capa de niebla y rocío.

En la mitología hindú, el dios del fuego se llama Agni. Este dios consume algunas cosas para que otras puedan vivir. Agni tiene grandes poderes y puede hacer que sus feligreses se vuelvan **inmortales**. En un mito hindú, Agni consumió tantas ofrendas de sus fieles que quedó agotado. Para recobrar fuerzas, quemó un bosque entero.

En el hinduismo, se cree que el dios del fuego Agni existe en el alma de cada persona. También se cree que su energía ilumina al Sol y las estrellas.

LA HISTORIA DE PROMETEO

En la mitología griega, Prometeo era un Titán, o gigante, que había creado a los humanos. Prometeo sintió pena por los humanos cuando Zeus los obligó a permanecer en la Tierra. Entonces, Prometeo les dio fuego para que no sufrieran el frío y la oscuridad ni tuvieran que comer carne cruda.

Cuando Prometeo y los humanos le jugaron una broma a Zeus, el dios se enojó y les quitó el fuego. Prometeo subió al monte Olimpo, le robó una chispa y se la llevó a los humanos. Entonces, Zeus castigó a Prometeo encadenándolo a la cima de la montaña por miles de años.

Los incendios forestales a lo largo del tiempo

1800

1804
El 29 de octubre, los exploradores Lewis y Clark registran por primera vez una muerte provocada por un incendio forestal en los Estados Unidos.

1871
El incendio de Peshtigo en Wisconsin y Michigan se convierte en el peor incendio de la historia estadounidense, quemando 3,7 millones de acres (1,5 millones de ha) y provocando la muerte de 1.200 personas.

1900

1910
El Gran Incendio consume 3 millones de acres (1,2 millones de ha) de bosques en Idaho, Montana y Washington.

1972
Se comienza a usar el NFDRS en todos los Estados Unidos.

1997
El mayor incendio en la historia de Indonesia quema 5 millones de acres (12 millones de ha).

1999
La NASA lanza el primer satélite que rastrea incendios en la superficie terrestre.

2000

2009
Los incendios forestales en Australia matan a 173 personas.

2017
Los bomberos de Huntington, Indiana, comienzan a usar máscaras de imágenes térmicas. Estas máscaras los ayudan a ver puntos calientes y rescatar personas ocultas por el humo espeso.

Pon a prueba tus conocimientos

1 ¿Cuál es el único continente que no tiene incendios?

A. La Antártica

2 Nombra las tres partes del "triángulo del fuego".

A. Combustible, temperatura alta y oxígeno

3 ¿Cuáles son algunas de las cosas que usan los bomberos para apagar un incendio forestal?

A. Agua, tierra y retardantes

4 ¿Qué porcentaje de los incendios del mundo se producen en África por año?

A. Más del 50 por ciento

5 En promedio, ¿cuántos incendios forestales se producen en los Estados Unidos por año?

A. Más de 100.000

6 ¿Por qué Australia tiene más incendios forestales que cualquier otro país del mundo?

A. Es 70 por ciento desértico o semi-desértico y suele tener sequías y altas temperaturas

7 ¿Qué significa el color amarillo en el sistema nacional de clasificación de peligrosidad de los incendios?

A. El peligro de incendio es alto; los incendios se inician y propagan rápidamente y son difíciles de controlar.

8 ¿Qué son los salta-humos?

A. Son paracaidistas que saltan de aviones para combatir incendios en lugares de difícil acceso

9 ¿Los incendios se propagan más rápido hacia la cima o hacia la base de una montaña?

A. Hacia la cima

10 ¿Por qué el frente del incendio es el lugar más peligroso para los bomberos?

A. Porque es donde arde más rápido y hace más calor

Crea un plan de emergencia para un incendio forestal

Los desastres ocurren en cualquier momento y lugar. Lamentablemente, ante una emergencia, tal vez no tengas demasiado tiempo para responder. La Cruz Roja estadounidense dice que una forma de estar preparado es armando un kit de emergencia. Cuando se produce un desastre, no tienes tiempo para ir de compras o buscar suministros.

Si tienes todo lo que necesitas y planificas con anticipación, tu familia estará preparada.

1 Averigua si tu casa se encuentra en una zona peligrosa.

2 Haz un plan de evacuación. ¿A dónde irás? ¿Por dónde irás? ¿Cuál es la ruta alternativa si la primera está bloqueada?

3 Aprende cómo se corta el gas, la luz y el agua en tu casa.

4 Infórmate sobre qué estación de radio debes escuchar para obtener información oficial sobre desastres.

5 Arma un kit de suministros para desastres.

6 Crea un plan de comunicación de emergencia para poder volver a reunirte con tus seres queridos si se separan durante un incendio forestal.

En tu kit de emergencia necesitarás:

- Linterna
- Radio portátil a baterías
- Baterías extra
- Kit de primeros auxilios
- Agua y comida de reserva
- Medicamentos esenciales

Palabras clave

árboles muertos: árboles y ramas secas que yacen en el suelo del bosque

conflagración: incendio grande que destruye gran parte de las tierras o propiedad

cortafuegos: barreras u obstáculos utilizados para detener o disminuir la velocidad de propagación de un incendio

evacuadas: retiradas de un área para evitar un peligro

humedad: cantidad de agua, vapor de agua o cualquier otro líquido que hay en el aire

ignición: acción de prender fuego algo

incendios intencionales: actos delictivos que consisten en incendiar bienes a propósito.

inmortales: que viven para siempre

nutrientes: sustancias necesarias para crecer y tener buena salud

orgánica: compuesta por materia viva.

paracaidistas: miembros del ejército u otras organizaciones oficiales que se arrojan desde aeronaves con paracaídas.

retardantes: sustancias químicas que detienen o apagan el fuego

satura: empapa por completo

sequías: largos períodos sin lluvia

teas: pedazos de madera ardiente que pueden recorrer largas distancias y provocar otro incendio

trópico de Cáncer: línea imaginaria alrededor de la Tierra que está 23 grados al norte del ecuador

trópico de Capricornio: línea imaginaria alrededor de la Tierra que está 23 grados al sur del ecuador

tundra: áreas muy frías del lejano norte donde la tierra está siempre congelada

Índice

LIGHTBOX

RECURSOS COMPLEMENTARIOS

Haga clic en el signo ⊕ que se encuentra en la esquina inferior izquierda de cada hoja para abrir más recursos para docentes.

- Descargue e imprima los cuestionarios y actividades del libro
- Acceda a las correlaciones curriculares
- Explore otras aplicaciones web que optimizan la experiencia de Lightbox

TÍTULOS DIGITALES DE LIGHTBOX

Incluyen un paquete completo de medios integrados

VIDEOS

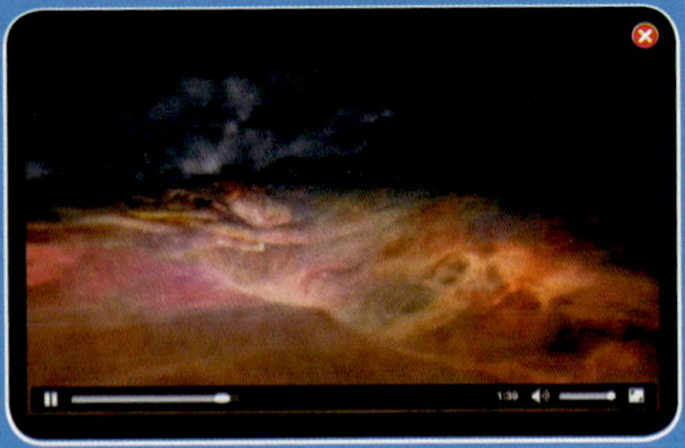

MAPAS INTERACTIVOS

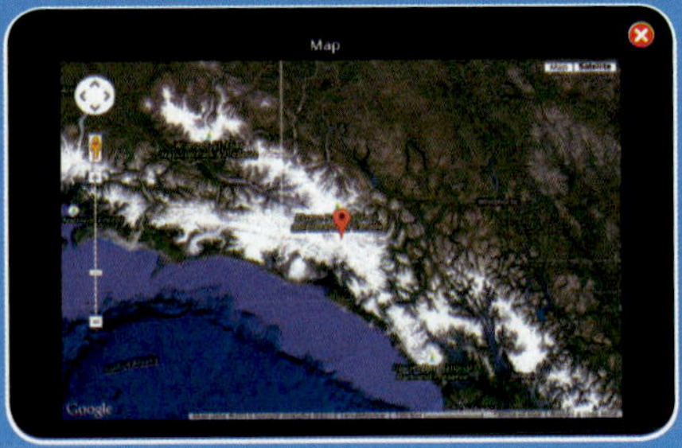

ENLACES WEB

PRESENTACIONES EN DIAPOSITIVAS

CUESTIONARIOS

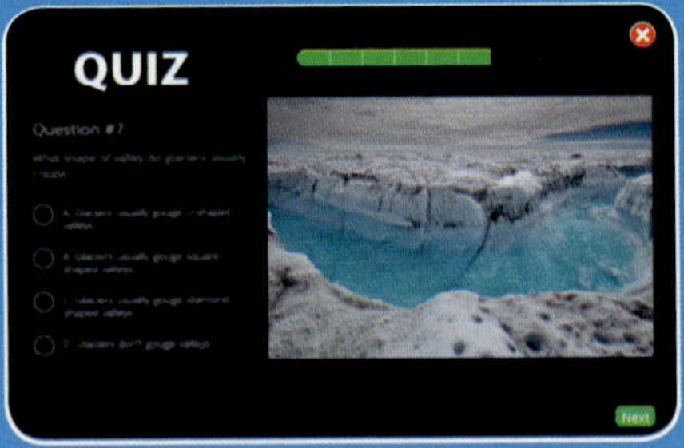

OPTIMIZADO PARA

- ✓ TABLETAS
- ✓ PIZARRAS ELECTRÓNICAS
- ✓ COMPUTADORAS
- ✓ ¡Y MUCHO MÁS!

Published by Smartbook Media, Inc.
350 5th Avenue, 59th Floor New York, NY 10118
Website: www.openlightbox.com

Spanish Project Coordinator: Sara Cucini
Spanish Editor: Translation Cloud LLC
Project Coordinator: Jared Siemens
Art Director: Terry Paulhus

Library of Congress Control Number: 2017961907

ISBN 978-1-5105-3462-9 (hardcover)
ISBN 978-1-5105-3463-6 (multi-user ebook)

Printed in Brainerd, Minnesota, United States
1 2 3 4 5 6 7 8 9 0 22 21 20 19 18

032018
011518

Every reasonable effort has been made to trace ownership and to obtain permission to reprint copyright material. The publisher would be pleased to have any errors or omissions brought to its attention so that they may be corrected in subsequent printings.

The publisher acknowledges Getty Images, iStock, Alamy, and Newscom as its primary image suppliers for this title.